OLIVIER DE SERRES

ET

LE THÉATRE D'AGRICULTURE.

JACQUES VANIERE

ET

LE PRÆDIUM RUSTICUM.

1590-1720.

ETUDE AGRONOMIQUE

PAR

Anacharsis COMBES.

CASTRES,

Imprimerie de veuve Grillon, rue Sabbaterie, nº 7.

1866.

OLIVIER DE SERRES

ET

LE THÉATRE D'AGRICULTURE.

———

Jacques VANIERE

ET

LE PRÆDIUM RUSTICUM.

1590-1720.

———

PREMIÉRE PARTIE.

OLIVIER DE SERRES.

———

« C'est de l'ordonnance ancienne représentée par
« Columelle et vérifiée par les efforts, que, pour faire
« un bon ménage, est nécessaire de joindre ensemble
« le *savoir*, le *vouloir*, le *pouvoir*; en cette liaison gît
« l'usage de notre agriculture. »

Le Théâtre d'Agriculture, (Préface).

L'Agriculture a eu de bien belles pages dans les annales
scientifiques et littéraires des divers pays. Nulle part cependant elle ne s'est montrée si noble, si instructive, si
pratique que chez les Romains. Peuple conquérant mais
civilisateur, nation absorbante mais initiatrice, représen-
tant une suprématie souvent oppressive, mais presque

toujours universellement utile, la race latine n'a nullement
failli à sa mission providentielle. Elle a d'abord préparé le
monde à l'avènement du Christianisme ; elle s'est ensuite
affaissée sur elle-même pour lui faire place. Aussi, est-ce
dans les temps qui ont précédé ou suivi le siècle d'Auguste
qu'il faut aller chercher le *summum* des doctrines, des sentiments ou des faits qui ont fixé l'art cultural à sa première
période de développement, comme il faut aller puiser à la
même source, s'il s'agit, dans une intention analogue, de
constater, chez les Anciens, le degré le plus éminent
de la stratégie, des belles-lettres, des jouissances matérielles ou des arts utiles.

Si donc l'on se renferme dans l'intervalle écoulé entre
l'année de la mort de Caton l'Ancien (284 avant J.-C.) et
l'époque plus ou moins hypothétique où écrivait Palladius,
soit au 2me, soit au commencement du 4me siècle (cela importe peu d'ailleurs), on voit l'agronomie romaine se résu-
mer dans une série de monuments spéciaux, d'un mérite
hors de toute comparaison, a la fois dans la forme et au
fonds.

Caton commence cette série en écrivant un *Journal* destiné peut-être à se rendre compte à lui-même, peut-être à
servir de point de départ à ses enfants , mais, dans tous les
cas, fait pour initier la postérité à la connaissance exacte
des terres, au classement des cultures, à la succession des
récoltes dans les environs de Rome pendant un temps où,
malgré les besoins d'une population immense, les champs
ne produisaient en céréales que le double de la semence.

Varron vient ensuite ; homme d'un savoir prodigieux.
esprit nourri de la lecture des auteurs grecs, en grande
partie perdus pour nous, mais dont le nombre s'élevait
suivant lui, à plus de cinquante, il concentre dans trois
livres, ses observations puisées, comme il le dit lui-même,
à trois sources : sa propre pratique, ses lectures et ce qu'il
avait recueilli de l'expérience d'autrui. *Ea erunt ex radici-
bus trinis ; et quæ ipse in meis fundis colendo animadverti,
et quæ legi, et quæ à peritis audii* (de agriculturà § 1er).

Virgile occupe chronologiquement le troisième rang ; car
sous tout autre rapport personne ne saurait lui disputer
le premier, comme artiste, comme propagateur de vérités

salutaires, comme dépositaire de ce feu sacré, que son œuvre de prédilection, son chant d'amour pour ainsi dire, les *Georgiques*, a fait rayonner sur le monde entier, avec toute l'influence directe ou indirecte d'un poëme de premier ordre.

Columelle, par l'étendue de son œuvre à peu près complète suivant l'époque, par son style réflétant la plus pure latinité du siècle d'Auguste, par son intelligence profonde de Virgile, par son expérience personnelle s'exerçant sur des possessions nombreuses soit à Cadix, lieu de sa naissance, soit en Italie où il résida définitivement plus tard, soit même dans les Gaules, pays intermédiaire de la production méridionale, Columelle rattache à son nom le progrès agronomique des Latins; progrès dont la trace se perd bientôt lorsque Palladius, abréviateur incorrect et tronqué de Columelle, se fut substitué à la renommée de celui-ci.

Palladius résume dans un premier chapitre les principes généraux des conditions agricoles, bonne situation des lieux, salubrité du climat, savoir-faire de l'exploitant. Dans les suivants, il forme mois par mois, un *Calendrier du cultivateur*, d'après l'ordre des travaux et la succession des saisons.

Ainsi par conséquent, on vient de le voir, la science culturale chez les Romains se montre à peu près entière. Rien ne lui manque en principe, ni dans l'application, ni dans la diffusion surtout des voies par lesquelles elle pouvait atteindre les hautes classes de la société, les pénétrer de ses vérités pratiques, et les maintenir dans une direction essentiellement profitable à l'humanité.

Pourquoi tout cela disparait-il tout-à-coup ? Comment s'éclipse d'une manière totale cet astre universel, levé sur un triple continent inépuisable de ressources et de richesses ? Par quelle fatalité la terre redevient-elle improductive, se laissant peu à peu envahir de nouveau par le désert, qui, au dire de Muratori, avait donné à l'Italie du moyen âge pour habitants, les loups et les bêtes fauves ? Mystère impénétrable, si l'on ne veut pas recourir à l'avénement du Christianisme, si on se refuse à reconnaître son action sur les populations rurales pour expliquer que la seule chose manquant aux Romains, c'était des rapports réciproques d'intérêt, d'affection, de solidarité, de religion en un mot, entre les possesseurs de la terre et les cultivateurs! Sous la puissance du peuple-Roi, ceux-ci se composaient d'esclaves, ce qui veut dire d'agens nombreux, mais la plupart du temps inhabiles, d'hommes sans patrie, sans dieux, sans protection morale, menés à l'instar de la brute; sans relation suivie avec le sol parce qu'ils ignoraient toute espèce d'habitude traditionnelle; d'êtres en un mot n'ayant pas de famille, c'est-à-dire ce qui fait le paysan, d'après l'acception la plus stricte de ce terme.

En effet, comme l'écrivent les auteurs du livre sous ce titre, les *Paysans Français* (1). « Il faut prendre le mot *pay-*
« *san* suivant toute sa généralité ; il faut le rapporter au
« nombre, à la profession, aux habitudes, aux mœurs, à
« l'importance des populations auxquelles il s'applique ;
« il faut y voir *le pays*, c'est-à-dire la région, la division
« du globe, le territoire, la nation, la patrie, résumés
« dans la partie de ses habitants, la plus multipliée, la
« plus active, la plus généralement utile.

« Comment cette classe de la Société en est-elle venue à
« ce point? A travers quelles vicissitudes a-t-elle dû passer
« pour parvenir à la condition de liberté, de considéra-
« tion, de bien-être qu'elle possède en ce moment dans
« presque tous les Etats de l'Europe ? C'est ce qu'il serait
« très difficile de déterminer, siècle par siècle, nation par
« nation, continent par continent, depuis la dissolution
« de l'empire Romain. Seulement on peut accepter comme
« point de départ, pour des recherches de ce genre, le
« témoignage écrit des agronomes latins, dont les ouvra-
« ges sont venus jusqu'à nous. Ils nous apprennent que
« les populations rurales de leurs époques diverses se
« composaient d'esclaves, surveillés par d'autres esclaves,
« au service de patriciens, de plébéiens ou d'affranchis, et
« desquels le travail, les enfants, la vie même apparte-
« naient aux maîtres. Déjà il est vrai, du temps de Colu-
« melle, les Romains méritaient le reproche de regarder
« l'agriculture comme une profession criminelle, ignomi-

---

(1) Les *Paysans Français,* considérés sous le rapport historique, économique, agricole, médical et administratif, par Anacharsis et Hippolyte Combes, (introduction).

« nieuse et indigne d'un homme libre : *Quæ cum animad-*
« *vertam, sœpe mecum retractans ac cognitans, quam*
« *turpi consensu deserta exaleverit disciplina ruris, ve-*
« *reor ne flagitiosa et quodammodo pudenda, aut inhonesta*
« *videatur ingenuis.* (Columelle de *Re rusticâ*, liber, 1).

« Avec une classe principale de cultivateurs très peu in-
« téresés aux succès de l'agriculture, avec des colons par-
« tiaires, dont on exigeait le plus pur de leurs produits,
« soit par des impôts payables en nature, soit par des re-
« devances exhorbitantes, avec l'obligation qui leur fut im-
« posée plus tard du service militaire et de la garde spé-
« ciale des frontières, les paysans Romains, pas plus que
« ceux des autres provinces, n'étaient préparés à résis-
« ter aux invasions. Leur état précaire, celui même des
« affranchis, que St-Augustin appréciait, après l'avoir
« connu dans les terres d'Afrique les plus abondantes des
« possessions Romaines, en l'appelant un esclavage mi-
« tigé, n'avait encore réveillé en eux aucun sentiment
« de propriété véritable. Leur position trop fugitive, ne
« tenait en rien de cet amour du sol qui fait braver les
« plus grands dangers et opposer les plus fortes résistan-
« ces, quand il s'agit de défendre la patrie avec la famille.
« La propriété d'ailleurs mobile comme la conquête d'où
« elle était provenue, n'admettait encore ni les améliora-
« tions à longs termes, ni les agrandissements successifs,
« qui attachent de plus en plus au sol les paysans mo-
« dernes. »

Il fallut quinze longs siècles, pour amener ce dernier
état de choses. Il fallut l'invasion des barbares, la chute
du polythëïsme, les révoltes des serfs au moyen âge, l'influence émancipatrice de l'église, la découverte de l'Amé-
rique, la Jacquerie plus ou moins directe des campagnes,
pour préparer l'agriculture à ses nouvelles destinées ;
celles-ci reposaient entièrement, en effet, sur l'amélioration
intellectuelle, physique et morale des cultivateurs.

Toutefois, il y aurait une grande erreur à croire que ce
seizième siècle, si plein de grands événements, eût tout-
à-coup agi sur les populations rurales, de manière à les
transformer jusques au point d'accroître par elles les produits de la terre. Rien au contraire de plus misérable,
agricolement parlant, que la France de cette époque, ti-

raillée pendant cent ans, sans savoir quelle direction prendre, sans se douter de son avenir, sans pouvoir suffire à l'alimentation d'un peuple extrêmement réduit, même en utilisant les richesses du nouveau continent, sans chercher enfin à obtenir par une culture rationnelle sur son beau territoire, une puissance de nationalité, ou une mission d'initiative européenne.

De fait, la vie rurale se trouva entièrement éteinte en France sous le règne de François Ier. Aucun historien de ce temps là ne mentionne dans ses livres ni les paysans ni même l'agriculture. En 1551 seulement, Quiqueran de Beaujeu, évêque de Senez, publie un éloge de la Provence, dans lequel il constate que les laboureurs de ce pays ne fumaient jamais leurs terres, en sorte que leur travail n'est guère, dit-il, que semer et moissonner. Tel, ajoute-t-il, n'ensemence son champ qu'à la quatorzième raie, croyant par là suppléer au fumier. (1)

Cette même année, la canne à sucre et le riz sont essayés dans cette même Provence, mais sans résultat. Le topinambour, la patate, le tabac, importés à cette époque, n'obtiennent pas plus de succès. Partout le mobilier rural, outils ou bestiaux, se montre insuffisant. Les terres ne s'exploitent qu'au profit des seigneurs tous engagés dans les guerres civiles, tous ruinés par les dépenses improductives qui en sont la suite. Les cultures subissent la règle d'un assolement abusif, entretenu seulement par la destruction des prairies, des ténements fourragers, la jachère épuisée tous les deux ou trois ans, et l'extension de la vaine pâture. La population des champs s'amoindrit de plus en plus, par l'effet des disettes comme celles de 1560 et 1565, ou des pestes qui reparaissent tous les dix ans avec une nouvelle fureur. Elle manque bientôt des nécessités de la vie, ce qui en fait périodiquement l'apanage de la mort ; elle s'éloigne de plus en plus de la terre, cherchant les secours de l'aumône dans les villes, ou à la porte des couvents, lorsque les discordes religieuses n'en ont pas dispersé les membres. Elle passe sans s'y arrêter sur ces *fonds de terre négligés et sans valeur*, suivant les paroles

---

(1) De *Laudibus* Provenciæ — Voir en outre Bernard Palissy, *Recepte véritable*, etc., et la dédicace de ce livre. La Rochelle, 1563.

de Sully ; car « rien, lit-on dans ses mémoires sous la
« date de l'année 1599, ne peut donner une idée de l'état
« accablant auquel étaient réduites les provinces, surtout
« celles de Provence, Dauphiné, Languedoc et Guienne,
« long et sanglant théâtre de guerres et de violences qui
« les avaient épuisées. »

Eh bien ! au milieu de cette désolation générale, en
face des plus grandes difficultés morales et matérielles,
d'un point perdu de ce même Languedoc réduit à ses dernières ressources, le lendemain d'une mesure qui, en re-
mettant au peuple des campagnes vingt millions de livres
d'impôts arréragés, n'avait été qu'un impuissant palliatif à
la misère, soutenu seulement par la conscience de sa valeur
personnelle, le sentiment religieux, l'amour de Dieu et du
prochain, en même temps que, par la bienveillante protection de Henri IV, parut un homme qui, par la puissance
d'un livre (ce livre est, il est vrai, un chef-d'œuvre de sagesse, d'expérience et de bon sens) fut le promoteur de
tous les progrès ruraux effectués alors et depuis ; un
homme, qu'une tardive réparation a appelé le patriarche
de l'agriculture française, et qui l'a été en effet. Cet
homme, c'est Olivier de Serres.

Voici comment parlait de lui le 18 septembre 1803,
François-de-Neuf-Château, ministre de l'intérieur, prononç-
çant son éloge dans la séance publique de la Société d'a-
griculture du département de la Seine :

« Pour apprécier son travail, il faut le comparer avec ce
« qu'on avait alors, je ne dirai pas en français, mais en
« langue vulgaire sur le même sujet. Or, avant *Olivier*,
« que possédions-nous en ce genre ? Quelques ouvrages
« détachés, mal écrits et peu répandus, et en fait de
« corps de doctrine, rien de satisfaisant : car, ni les ver-
« sions des anciens géoponiques (1), ni les éditions gothi-
« ques des *Prouffits ruraux* de *Pierre de Crescens*, ni la
« traduction des *Vingt journées d'agriculture d'Augustin*
« *Gallo*, par ce *Belle Forest* qui gâtait tout ce qu'il tou-
« chait, ni même la *Maison rustique de Charles Etienne*

____

(1) Les 20 livres de Constantin César auxquels sont traités de
bons enseignements d'agriculture, Poitiers 1543. — Columelle traduit 1551, Paris. — Palladius, Paris 1553.

« et *Jean Liébault*, quoique supérieure aux autres : aucun
« de ces ouvrages, dis-je, ne pouvait diriger l'économie
« rurale........

« Il n'en est pas ainsi de celui d'Olivier ; il emprunte
« des anciens ce qu'ils ont d'estimable, mais sans épouser
« leurs erreurs; sur les mûriers, les vers à soie ; il donne
« des détails qui lui appartiennent en propre; sur ce point
« il n'a eu personne à copier et l'a été par tout le monde ;
« il a parlé de la luzerne, quoiqu'il se trompe sur le nom.
« Il a créé celui des prairies artificielles ; ainsi donc le
« mot de l'énigme de la prospérité rurale c'est lui qui l'a
« trouvé. On sent, à chaque page, qu'il avait mis la main
« à l'œuvre avant de la mettre à la plume. Il avait saisi son
« sujet dans les champs et sur le papier ; et il était en
« droit de nous dire, aussi bien que l'auteur *des Essais,* son
« contemporain: « c'est ici un livre de bonne foi, lecteur ! »

« Nous avons déjà fait sentir combien il était en avance
« sur les lumières de son siècle. Non seulement c'est le
« premier, comme nous l'avons observé, qui ait traité
« directement de la pomme de terre , le maïs tout aussi
« nouveau ne lui était pas inconnu. Il parle très perti-
« nemment et à plusieurs reprises du houblon, qui ne com-
« mença d'être usité en Angleterre qu'en 1540, lorsqu'Oli-
« vier était bien jeune. Ailleurs, il nous apprend qu'au
« moment où il écrivait, il n'y avait pas fort longtemps
« qu'une autre plante très utile; la betterave, avait été ap-
« portée d'Italie.

« C'est lui qui nous instruit encore des tentatives faites
« pour élever la canne à sucre, que l'on croyait alors,
« comme il le dit lui-même, pouvoir domestiquer en
« France........ Tout son livre est rempli de détails de
« ce genre : toute nouveauté agricole était de son ressort.
« C'est une espèce de prodige qu'un écrivain agronomi-
« que, si complètement au courant, dans un temps où l'on
« sait que les communications étaient difficiles et rares.
« Il n'y avait point de journaux ; presque pas de chemins
« publics, et la guerre civile avait tout désorganisé. Pour
« composer à cette époque, dans un coin du Bas-Vivarais,
« *le Théâtre d'agriculture,* où presque rien n'est oublié,
« il fallait une tête bien extraordinaire. Quel dommage
« que nous n'ayons pas de mémoires plus détaillés et plus

« certains, sur la vie et sur les travaux d'un tel homme,
« qui, pour le zèle, la théorie et la pratique fut incontes-
« tablement le premier laboureur du temps où il vivait,
« qui éleva en même temps une famille assez nombreuse
« et qui est encore aujourd'hui considéré comme le père
« de notre agriculture. »

Rien n'est exagéré dans cette apologétique appréciation.
Il faut au contraire y ajouter, en rappelant qu'Olivier de
Serres ne se montre pas seulement, dans ses écrits, homme
complet de science agricole, mais qu'il s'y produit partout
et à propos de tout, comme animé des plus hauts sentiments que peut exciter la profession, d'agriculteur, no-
blement comprise, charitablement exercée, socialement
étendue à tous les agents de la culture. En effet, dit François-de-Neuf-Château, *le père de famille qu'Olivier met en
scène dans le cours de son grand ouvrage est supposé un
homme d'une certaine aisance, qui a été bien élevé, et qui fait
valoir son domaine par les mains de ses serviteurs, sous son
inspection (1).*

Veut-on voir en outre d'après quels sentiments et suivant quelles règles le père de famille entend que ses
serviteurs soient conduits ? Qu'on lise et qu'on médite les
réflexions suivantes :

« Pour achever de dévider le fuseau, dit l'auteur du
« *Théâtre d'agriculture*, est à propos faire mention de ce
« que Caton voulait qu'à faute de besogne, ses serviteurs
« dormissent, et qu'il y eut toujours de la division
« entr'eux, la y semant par artifice, ayant pour suspect
« l'esveil et la concorde de ses domestiques. Caton avait à
« faire de son temps à des esclaves, forsats, gens désespé-
« rés par mauvais traitements si qu'il n'estait sans raison
« de se craindre d'eux. Mais aujourd'hui que sommes ser-
« vis de personnes de libre condition et chrestiennes, l'avis
« de Caton ne peut avoir lieu, joinct que le service de
« gens vigilans, est toujours meilleur que des person-
« nes endormies, n'estant que pièces de chair sans enten-
« dement, ceux qui aiment trop le somme et le repos ·

____

(1) C'est la culture par *Maître-Valet*, que certains points du Midi
n'ont connue et appliquée que vers 1810.

« contre lesquels Salomon crie tant, disant tels ne pouvoir
« s'enrichir. Et quant à l'autre poinct, quelle chose plus
« laide y a-t-il au monde que la discussion et haine, sur-
« tout entre ceux qui mangent le mesme pain, et habitent
« en mesme maison, comme enfans d'un mesme père ?
« Ains quelle plus belle, que l'amitié et la concorde que
« Jésus-Christ nous recommande tant étroictement ? Et si
« bien par faute de bonne intelligence entre serviteurs
« d'un même maistre, sont découverts quelques pillages
« et autres méchancetés avec utilité, ne faut pourtant tirer
« une conséquence, car ce mal ne manque jamais, que
« d'être mal servi de personnes assemblées chez vous.
« n'estant amis ensemble, employant quelquefois plus de
« temps à s'entrequéreller, qu'à travailler à leurs besogne.
« Mais tirerés toujours bon service de vos domestiques,
« s'ils vivent en commune amitié, et n'ont autre occasion
« de s'entrequéreller que par émulation de débattre de
« l'honneur de bien faire en votre service. Et comme *il*
« *ne faut jamais faire mal afin que bien en advienne :*
« quelqu'apparence de raison qu'ait Caton ne laissera le
« père de famille d'entretenir tous les siens en union
« fraternelle, à ce que d'une commune main s'employent
« à ses affaires Les fautes de ses serviteurs seront répri-
« mées par sa prudence, avec des moyens justes et équita-
« bles, sans se peiner beaucoup d'en inventer dès obliques
« et reprouvés. Marquant pour très importantes méchan-
« cetés, contraires au repos et au bien de la maison, les
« paillardises et larcins, à ce que le sévère châtiment par
« justice tranche le cours de tels crimes : car les dissimu-
« lant ou réprimant doucement ce serait toujours à recom-
« mencer, dont pauvreté et confusion adviendrait à la fa-
« mille. »

Le passage qui précède, et qu'on a appelé, avec le chapitre entier auquel il se rattache, *un chef-d'œuvre de raison
et de science économique*, fixe la différence de l'agriculture
des Romains et de celle d'Olivier de Serres. Personne ne l'a
mieux senti que lui en écrivant son livre, quand il le li-
vrait au public en ces termes :

« Le jugement en soit aux doctes mesnagers, le profit à
« tous ceux qui désirent honnêtement vivre du fruit de
« leur terre, et l'entier honneur à Dieu, lequel en ce com-

« mencement, j'invoque à meilleur titre que *Varro* ses
« dieux rustiques et contrefaicts. » (Préface).

Sous tous les rapports, rien donc de plus moral, de plus
progressif, de plus religieux que ce livre. Or, comme c'est
toujours par le sentiment qu'on pénètre dans l'intelligence;
comme les choses avancées ne se propagent utilement
dans les diverses classes d'une nation que de haut en bas,
comme la plus légère impulsion de la part d'un gouverne-
ment suffit pour amener les hommes éminents à rendre
hommage à la vérité, il ne fut pas étonnant de voir de 1600
à 1639, vingt éditions ou réimpressions successives répan-
dre, sur tous les points de l'Europe, le *Théâtre d'agriculture* d'Olivier de Serres, et préparer ainsi le mouvement
de production territoriale que Colbert commençait à encourager, lorsque ce mouvement s'arrêta tout-à-coup avec
la popularité agronomique d'Olivier de Serres à qui il
était dû.

L'oubli s'empara du livre comme de l'auteur. On en vint
jusqu'à ignorer le nom de ce dernier ou à le confondre, en
le défigurant, avec celui d'autres écrivains d'une valeur bien
inférieure à la sienne, ou de personnages notables à des ti-
tres différents. Le rédacteur des mémoires de Sully, le
transforme, par exemple, plus tard en un manufacturier
provençal nommé *Serran* (1) ; si bien que vers la fin du
XVIIe siècle, à peine quelques érudits savaient-ils que, sous
Henri IV, avait existé, suivant les expressions d'Arthur
Young (2), un *excellent cultivateur et un vrai patriote,
choisi* par le Roi populaire *comme son agent principal dans
le grand projet d'introduire la culture de la soie en France,
l'auteur* en un mot *d'une agriculture fort belle,* comme dit
Scaliger son contemporain, *dédiée au Roi,* et que celui-ci,
*trois ou quatre mois durant, se faisait apporter tous les
jours après dîner pour la lire une demi-heure.*

Où se trouvent les véritables causes de cet injuste oubli ?
Pourquoi deux siècles après, les étrangers ont-ils été les
premiers à exhumer le nom d'Olivier de Serres, jusqu'au

____

(1) L'abbé de l'Ecluse, mémoires de Sully, tome 2, page 473,
in 4o. édition de 1745.

(2) Voyages en France, 1787 - 1789, tome 2, page 41.

moment où l'abbé Rozier est venu publiquement proclamer son mérite en préparant pendant dix ans, un commentaire au *Théâtre d'agriculture*, (commentaire malheureusement perdu) et en écrivant : *cet homme est aussi sublime que Bernard Palissy; je l'ai chanté toute ma vie et je le chanterai jusqu'à ma mort ?* Serait-ce le style prétendu suranné de l'ouvrage ? Conjecture improbable tant que, subsistera la renommée littéraire des Essais de Montaigne, de la traduction d'Amyot, des mémoires de Montluc, de la correspondance d'Henri IV et de Marguerite de Valois ? Serait-ce la qualité de protestant, imputée à Olivier de Serres même après sa mort, et le parti déjà pris par Louis XIV de faire rentrer dans l'unité de ses doctrines religieuses, de gré ou de force, toutes les dissidences antérieures ? Mais cette opinion fondée surtout sur ce fait à savoir que la révocation de l'Edit de Nantes fut accompagnée du retrait des privilèges de tous les livres composés par les Calvinistes, ce qui fixe la date de ce retrait à 1685, se trouve combattue par l'intervalle écoulé depuis 1636, époque des dernières éditions du *Théâtre d'agriculture*. La publicité limitée à cette année, prouve que déjà l'agronomie en était à son temps d'arrêt. Elle démontre que les préoccupations politiques de Richelieu ou les événements de la Fronde avaient absorbé toutes les idées. Elle marque enfin le caractère du règne de Louis XIV ; règne artistique, littéraire, guerrier, monarchique par-dessus tout, mais nullement agricole. Aussi en porta-t-il la peine, lorsqu'au commencement du XVIIIe siècle, au milieu des revers ou des malheurs de toute sorte qui assaillirent le grand Roi, après cet hiver de 1709, qui commença une période décennale de famine, d'épidémie, de dépopulation, période au bout de laquelle se trouve la peste de Marseille, avec les craintes qu'elle répandit dans toutes les provinces méridionales, quelques esprits supérieurs s'apperçurent que les calamités de la guerre et les fléaux de la nature, ne pouvaient être conjurés que par un retour sincère à la vie des champs recommandée, honorée, encouragée. D'autres se demandèrent pourquoi l'agriculture de ce temps-là était moins avancée, partant moins productive que celle du temps d'Henri IV, et ils trouvèrent la réponse dans la subalternité et l'indifférence où elle avait été tenue. Quelques-uns enfin, sentirent le besoin de renouer la chaîne des temps si malheureusement interrompue, en fait de pratique culturale : ils essayèrent alors d'agir sur les mœurs publiques ou privées, afin de réveiller par elles le sentiment traditionnel agricole, dont Olivier de Serres semblait avoir emporté le secret avec lui.

Ainsi, procédèrent les auteurs de quelques compilations appelées *Maisons rustiques* qui ramenèrent momentanément l'attention publique sur l'économie rurale. Ainsi, marqua surtout un homme, auquel il importe de rendre justice sans exagération, ni réticence, dans l'intérêt de l'Agriculture actuelle, dont les progrès se lient à ce qu'il fit pour celle de son époque. Cet homme se nomme, le jésuite VANIÉRE.

DEUXIÈME PARTIE.

Jacques VANIÈRE.

Secretô tacitâ capior dulcedine ruris;
Quod spectare juvat, placet deducere versu ;
Dulcis enim velat ingratum sentire laborem
Materies; et mo solers, si forté negabis,
Ingenui facient amor et natura poetam.

Prædium Rusticum, livre 1er.

« Epris d'une passion secrète pour les charmes de
« la vie champêtre, je me suis amusé à peindre les
« objets qui m'ont agreablement flatté. Le travail ne
« coute point quand le sujet plaît ; et le plaisir et la
« nature me rendront poète, si je n'en ai pas le
« génie. »

Traduction de M. Berland.

« Jacques Vanière jésuite, célèbre poète latin moderne,
« né à Caux, bourg du diocése de Béziers, le 9 mars 1664,
« de parents qui faisaient leurs délices des occupations de
« la campagne, hérita de leur goût. Cet homme célèbre étu-
« dia sous le père Joubert, qui ne lui trouva d'abord aucun
« goût pour les vers, et l'élève lui-même priait son ré-
« gent de l'exempter d'un travail qui le rebutait. Enfin
« son génie se développa et il apprit en peu de temps
« l'art des muses. Les jésuites le reçurent dans leur con-
« grégation et le destinèrent à professer les humanités.
« Son talent s'annonça par deux poëmes : l'un intitulé
« *Stagna*, et l'autre *Columbœ*, qu'il fondit dans la suite
« dans son grand poëme. Santeuil ayant eu occasion de
« les voir dit « que ce nouveau venu les avait tous déran-
« gés sur le Parnasse. » Mais ce qui mit le comble à la
« réputation du père Vanière, ce fut son *Prædium Rusti-
« cum*, poëme en 16 chants, dans le goût des Géorgiques de

« Virgile. Le père Vanière mourut à Toulouse, le 22 août
« 1739. » (Dictionnaire historique). (1)

Si de ces faits particuliers comme texte, on veut s'élever
à des considérations générales, il y a lieu de se demander:
Quelle dut être l'éducation primitive de Vanière? Comment
les influences extérieures de son époque agirent-elles sur
lui? Dans quelles circonstances immédiates l'inspiration lui
vint-elle d'écrire sur l'agriculture? Et cela par la raison que
la réponse à ces questions peut seule faire apprécier le
Prædium Rusticum en l'expliquant suivant sa forme, son
but, sa portée, ses conséquences.

Vanière naquit à la campagne. Il reçut là ces notions
élémentaires, de science et de religion que les curés de
cette époque distribuaient généreusement autour d'eux, aux
enfants des familles d'une certaine aisance, ou à ceux que
leur faisait remarquer une intelligence exceptionnelle.
Ainsi se recrutaient les rangs inférieurs de l'Eglise. Ainsi
fut élevé près de Béziers, sous un heureux ciel, sur
les bords de la rivière d'Orbe, le fils d'un *amateur des
champs, ne laissant jamais à d'autres le soin de la culture
de ses arbres.*

> Hic ruris amator
> Si quis erat, nemini quas impendebat alendis
> Arboribus curas....

Rejeton d'un agriculteur dévoué à sa profession, le
jeune Vanière trouvait encore en lui la personnification
d'une haute moralité :

> Et patrios revocans mores, exemplaque nato
> Quæ præstat meminisse magis qàum dicere versu.
> Non alio ne regum equidem de sanguine malim
> Esse satum, tanti est pietas atque aurea vitæ
> Simplicitas, et nuda fides, lucroque pudendo
> Pectus inaccessum, et rigidi mens conscia recti!
>
> Et juvat imprimis sub pectore volvere tritas
> Usque fores inopum turmis! ita Pagus amicam
> Pauperibus mentem norat, moresque benignos

(1) Par une Société de gens de lettres, Mesnard et Desenne. Paris
1826.

Et promptas ad dona manus ; ut quisqu's egentes
Viderat, aut serâ peregrinos nocte petentes
Hospitium, fundata velut sibi tecla, paternas
Monstraret miseris peregrè vel euntibus ædes.

(livre 5.)

« Quand je me rappelle sa conduite et ses vertueux
« exemples, qui devraient être plutôt dans la mémoire que
« dans la bouche d'un fils, je ne voudrais pas être sorti
« d'un autre père, fut-il du sang royal, tant je puisais en
« lui les sentiments de religion, une simplicité digne de
« l'âge d'or, une candeur ingénue, un cœur fermé à tout
« intérêt sordide, une probité incorruptible et des mœurs
« irréprochables.

« Que j'ai de plaisir à passer en revue dans mon esprit
« cette troupe innombrable de pauvres qui tous les jours
« assiégeaient sa porte : sa charité et son zèle pour leur
« soulagement, la douceur de son caractère et son pen-
« chant à faire des largesses étaient si bien connus dans
« tout le village, que dès qu'on voyait des pauvres ou des
« étrangers qui, la nuit demandaient l'hospitalité, on
« leur indiquait la maison de mon père, comme si elle
« eût été un hospice fondé pour tous les passants malheu-
« reux qui se trouvaient dans l'indigence. »

Sous une semblable direction, il ne paraîtra étonnant
à personne, qu'à peine âgé de seize ans et demi, après de
bonnes études faites chez les jésuites de Béziers ! Vanière
n'ait pu être admis dans cette société célèbre, et destiné
bientôt par elle à la régence ou au professorat. Lancé dans
la carrière de l'enseignement, honoré de la protection de
M. de Basville intendant de Languedoc, éclairé des conseils de Fléchier, évêque de Nîmes, le jeune professeur
chercha bientôt à appliquer son talent pour l'art des vers
latins, à divers sujets. Quoique sans liaison apparente, ces
sujets, convergent tous cependant vers l'idée collective de
l'amour des champs et des travaux de l'agriculture. La
preuve de ce fait résulte de ce qu'ils se trouvent chacun à
sa place, et suivant une parfaite coordination dans le *Théâtre d'Agriculture* d'Olivier de Serres. Le versificateur
toulousain, à part son mérite spécial, n'a fait que reproduire toujours les mêmes pensées, et souvent les mêmes
expressions ; ainsi qu'il se borne d'abord, en suivant son

modèle, aux sujets des 10 premiers livres de son ouvrage au lieu des 16 dont il se composa par la suite.

Toutefois, sa faculté d'imiter ou de traduire, en choisissant dans ses devanciers romains ou français les vérités consacrées par l'expérience avait besoin d'un espace plus large. Comme il l'explique lui-même, son genre de talent le portait à s'appesantir sur les détails ;

Dum moror, et nimio per singula versor amore.

Quand l'amour du détail m'arrête un peu partout.

Il voulait faire une série de paysages disposés en galerie, plutôt qu'un seul tableau, dont toutes les parties seraient ramenées à l'unité. Son travail en projet avait bien une idée mère ; mais il comportait des épisodes plus ou moins directs ; il inspirait des réflexions morales pouvant se rattacher à toute autre chose qu'au sujet principal; il se prêtait à des disgressions nombreuses. C'est ainsi que Vanière procéda dans ses recherches littéraires, pendant les six années de son principalat dans la maison des pensionnaires jésuites de Toulouse. Il y remplissait en même temps l'office *d'écrivain.* Par ce moyen les supérieurs avaient voulu lui ménager le loisir nécessaire pour composer le *Prædium Rusticum.* L'objet de ce livre fut donc arrêté dans son esprit à la fin du dix-septième siècle, et au commencement du XVIIIᵉ, c'est-à-dire en présence des plus tristes circonstances où l'agriculture française se soit jamais trouvée.

« A la fin du règne de Louis XIV, dit François-de-Neuf-
« Château, le jésuite Vanière, compatriote d'Olivier de
« Serres, fit sur l'économie champêtre un poëme admira-
« ble ; mais cet ouvrage est en latin. et l'on ne croyait pas
« alors que les muses françaises pussent s'abaisser aux dé-
« tails du ménage des champs. C'était un préjugé ; mais ce
« préjugé peint bien l'esprit anti-rural d'un siècle de luxe
« et de gloire. Siècle très-brillant, il est vrai, mais qui ne
« fut en aucun sens le siècle des campagnes, et qui aurait
« cru s'avilir, s'il en avait parlé le langage. » (Eloge d'Olivier de Serres.)

Les châteaux abandonnés par les grands qui préféraient à ce séjour celui de Versailles ; les populations rurales chassées de leurs foyers sous prétexte d'hérésie ; les mû-

riers plantés autrefois sous l'impulsion d'Henri IV et de
son successeur, partout arrachés en Languedoc, à la suite
de maladies provenant d'une agriculture trop négligée ou
respectés dans leur existence, seulement en 1692, sur la
défense trop tardive de M. Basville ; les bras valides arrachés à la charrue pour aller servir aux dernières conquêtes
du grand monarque, ou pour être employés aux conversions
des montagnes des Cévennes ; Vauban, le vertueux Vauban, après avoir établi que les récoltes en céréales don-
naient à peine deux setiers 1/4 par arpent, prenant en
main la défense du peuple, présentant le tableau de sa
misère (1), et n'obtenant de sa généreuse tentative qu'une
disgrâce qui entraîna sa mort ; par-dessus tout cela, le
terrible hiver de 1709 promenant sa faulx de destruction
sur les provinces du littoral méditerranéen de manière à
les laisser sans ressources pour le présent, et avec les plus
terribles perspectives pour l'avenir (2) ; tels furent les
principaux événements, dont Vanière se trouva le témoin
dans ses divers séjours soit à Toulouse, soit à Montpellier,
soit au sein de son pays natal. Telles furent les causes qui
lui inspirèrent ces éloquentes et élégantes excitations à se
tourner vers la vie rurale, et qui ranimèrent en lui et par
lui, le feu du sentiment agricole, éteint depuis Olivier de
Serres, mais pouvant se rallumer à la chaleur des convic-
tions de ce grand homme, appelé à si bon droit par la postérité le *Socrate champêtre*. (François-de-Neuf-Château).

Vanière, plus que tout autre l'avait compris, quand il
s'est plu à reproduire avec tant d'abandon, avec un si ai-
mable épanchement, en vers faciles et ingénieux, presque
tous les passages du *Théâtre d'Agriculture*. Il donnait ainsi
une nouvelle forme à des vérités ou à des prévisions par-
faitement démontrées, en couvrant de son manteau catho-

---

(1) Projet d'une Dîme royale qui supprimant, etc... s'augmen-
terait par la meilleure culture des terres. — Rouen, 1707, in.-4o.

(2) Voici comment s'exprimait Mgr Honoré Quiqueran de Bau-
jeu, Évêque de Castres, présentant à Louis XIV, le cahier des états
de Languedoc, le 11 août 1711 : « Malgré les affreux changements
« survenus à des régions autrefois si riantes et si fertiles, aujour-
« d'hui presque incultes et tout-à-fait désolées ; malgré les fré-
« quentes calamités qui viennent dans toutes les saisons de chaque
« année, ruiner nos personnes et nous enlever jusqu'à nos plus pré-
« cieuses ressources, nous fesons des efforts que nos pères au-
« raient regardés comme impossibles. »

lique, et en détruisant par son caractère de prêtre les préventions qui devaient exister plus que jamais contre l'auteur protestant. Cela explique pourquoi il ne prononce pas son nom une seule fois ; mais cela peut-être lui donne une plus grande autorité pour proclamer avec force, vigueur, concision, les influences salutaires de la campagne (1); les bonnes mœurs des laboureurs, des fermiers (2), des horticulteurs (3); la frugalité des paysans (4), par opposition à la corruption des villes, à la vanité du luxe (5), aux abus des passions sensuelles (6). au rôle des hommes oisifs ou inutiles (7) ; c'est-à-dire qu'il exalte avec une liberté entière les axiomes salutaires de la sagesse sociale, éprouvés depuis au creuset des révolutions politiques, et survivant encore aux appétits déréglés, aux ambitions égoïstes, aux incrédulités impies qui sont de tous les temps et de tous les pays.

Vanière en outre, n'ignorait pas (s'il ne l'avait su de son éducation, Olivier de Serres le lui aurait enseigné). qu'une sanction religieuse est nécessaire aux travaux de l'homme. Aussi, sans autre réflexion, rapportera-t-on ici la touchante leçon qu'il met dans la bouche du père de famille :

« Rusticus agrestes puer informatur ad usus :
« Interea, variâ pro tempestate solique
« Ingenio, proprias Natum Pater edocet artes ;
« Multa monens pluviæ imprimis frugumque datorem
« Et precibus votisque deum veneretur; et aris
« Afferat occulto puram sine crimine mentem ;
« Imperitet terris, sed parcat usque potenti
« Terrarum domino ; tempestatesque serenas

---

(1) Rure vides quæ pictæ placent... livre 2.
Annuus agricolis ordo..... livre 7.

(2) Romulidæ quondam proceres
Fortunatus ager longo.....
O tibi quam vultu risit... livre 2.

(3) Si rapidos olitor soles... livre 9.

(4) Quam epulas tantum... idem.

(5) Non opibus quam luxus iners... livre 3.

(6) Præbueram vanis pueri... livre 15.

(7) Arbor ubi virides... livre 6.

« Oret, et adversas contra prœmuniat agros ;
« Festa piè celebret ; quod lex vetat, omne dolosa
« Cesset opus sine fraude domi rurique ; laborum
« Ipsa quoque immunis Bos prata per herbida festus
« Ambulet, et posito vires confirmet aratro.

« Le fermier à son fils enseigne la culture,
« Il lui dit comment l'art secondant la nature
« Sur le ciel et le sol règle tous les travaux,
« Pour le régler lui-même il lui parle en ces mots :

« Il est là-haut, mon fils, un arbitre suprême,
« Auteur de l'univers et de l'homme lui-même.
« Ici-bas un moment, son choix nous a placés,
« Pour cultiver les fruits qu'il nous a dispensés.
« Et la terre, et ses dons, et l'eau qui les féconde,
« Et cet astre de feu, l'œil et l'âme du monde,
« Tout vient de Dieu, mon fils. Nous ne pouvons le voir,
« Mais partout sa bonté fait sentir son pouvoir ;
« Mais lui-même, en tout temps, nous voit tels que nous
[sommes] ;
« En vain l'on se déguise ; on trompe en vain les hom-
[mes] ;
« On ne peut tromper Dieu. La pureté du cœur
« Est la plus digne offrande à ce grand bienfaiteur.
« C'est par là seulement, que l'homme est son image.
« Dans les jours solennels porte-lui cet hommage.
« Au bœuf qui dans les champs partage tes travaux
« Fais aussi des saints jours partager le repos. »

Tome 1. page 11.

François-de-Neuf-Château, (notes sur Olivier de Serres.)

Les idées qui précèdent sont empruntées à Caton l'ancien ; mais ce qui appartient en propre, soit à Olivier de Serres. soit à Vanière son imitateur, c'est la formule des conseils suivants, au fond desquels se trouvent si largement contenus le sentiment chrétien de l'amour du prochain, et les règles morales de la conduite du cultivateur :

Vicinos amet agricolas, et ne quid eorum

. . . .

Parce peregrinos cultus tentare, novasque

. . . .

Servitio exemplis moderare ; magisque silentem

. . . .

A famulis ut amare, tuo quasi sanguine natos

. . . .

Sic puerum instituit pater ; et vergentibus annis.

. . . .

(Voir le texte et la traduction en vers dans Olivier de Serres, tome 1, page 72).

Ces deux citations complétées par toutes celles qu'on pourrait extraire encore du second livre du *Prœdium Rusticum,* sur le choix et le rôle des différents agents de culture, marquent la distance énorme, existant entre l'agriculture moderne, et celle des anciens. La sollicitude que cette première commence à éprouver pour les hommes préposés à la production de la terre, la fraternité chrétienne qui s'empare déjà à un degré éminent de la fonction du laboureur, du berger, du fermier, de la ménagère, du jardinier, afin de l'annoblir ou de la rendre plus chère à ceux qui l'exercent, tout cela constitue un progrès réel. Vanière l'éprouvait mieux que personne, parce qu'il était né à la campagne ; parce qu'il espérait y mourir un jour ; parce que, convaincu que la vie des champs est le meilleur préservatif contre l'ennui, et sous l'influence d'un patriotisme éclairé, tout le ramenait de souvenirs ou d'espérances à ce beau ciel de Languedoc couvrant de sa pureté fécondante le sol le plus riche, le plus varié, partant le plus productif de la France. Tout le rattachait à cette magnifique province du Midi, qui devait donner au Panthéon Géoponique, outre Olivier de Serres et Vanière, Rosset et son poëme de *l'Agriculture,* Roucher et son poëme *des Mois,* le prieur de Pradinas et *ses Saisons* en langue vulgaire, enfin, l'abbé Rozier, à qui il appartiendrait de compléter, sous la forme de dictionnaire, l'enseignement agricole des anciens et des modernes.

Qu'on écoute en effet, Vanière dans ses manifestations expansives :

O ! Mihi si placido solari rure senectam !
Si liceat blandas, doceo quas versibus, artes
Exercere manu ! nec in urbe superbâ potentum
Regna pati, neque jactari civilibus undis !

Quam pia vivendi capiam præcepta, caducas
Res hominum breviore legens in flore ; Deique
Admiratus opes........

. . . . . . ‘ . . . .

Quid, si Naturæ fas explorare sagaci
Mente vias, alios et conciliare sapores
Fructibus, aut alium dare floribus arte colorem,
Arboreos fœtus vel maturare, vel atræ
Frigoribus brumæ vernos transmittere flores!

. . . .

O nullo turbata metu pax hospita ruris !
Quando dies erit illa, volans quà liber ab urbe,
Carcere ut exlongo, puras sectabor agrorum
Delicias, et in obscuro tranquilla recessu,
Omnibus ignotus, nulli gravis, otia ducam,
Meque fruar, nec fata timens, suprema nec optans.

Liber 11.

« Ah ! si pour consolation dans ma vieillesse, il m'était
« permis d'aller finir mes jours à la campagne, de mettre
« en pratique les leçons de l'agriculture que je donne en
« mes vers, de me soustraire au règne impérieux des
« grands, et de me retirer du gouffre des affaires, qu'elle
« règle de vie pieuse je suivrais en considérant, dans le
« sort d'une fleur le néant des choses d'ici bas! Ah ! com-
« bien j'admirerais les trésors de la providence !..........
« Que serait-ce si j'étais libre d'observer avec sagacité les
« voies secrètes de la nature, de faire prendre aux fruits
« un nouveau goût, de nuancer différemment les fleurs,
« d'avancer la production des arbres et de faire éclore
« dans la saison des frimats les fleurs du printemps ?....
« Quand luira ce jour fortuné, où libre des embarras de
« la ville, je volerai comme échappé d'une longue prison,
« pour me livrer aux plaisirs purs de la campagne, pour
« jouir dans un réduit obscur et dans l'oubli de tout l'uni-
« vers d'un vrai loisir philosophique, sans être à charge à
« personne ; en un mot pour disposer de moi selon mes
« vœux sans craindre ni désirer la mort. »

(Traduit par M. Berland).

Le principe philosophique du livre de Vanière ainsi ex-
pliqué par lui-même, la personnalité de l'auteur mise égale-
ment en relief par ses déclarations confidentielles, il y

aurait à voir si le but qu'il se proposa fut atteint, si l'œuvre entreprise par lui porta quelques fruits ; en d'autres termes, il faudrait se demander si la mission morale et didactique qu'il s'était donnée, concourut immédiatement ou dans la suite au développement de la production territoriale, plus rationnellement sollicitée du sol. En attendant, il vaut mieux dire un mot de la partie dogmatique de ce livre, considéré dans ses rapports avec le pays qui l'inspira, et l'homme de cœur et d'intelligence qui l'écrivit.

Celui-ci, on l'a vu, quoique étant agriculteur de famille, de naissance, de vocation s'arracha de bonne heure aux influences comme aux pratiques agricoles; puisqu'à dix-sept ans, il faisait partie de l'ordre des jésuites. Par conséquent, lorsque plus tard il commença à écrire sur l'agriculture, sans jamais avoir été distrait de ses occupations cléricales et professionnelles, il dut se sentir un peu dépourvu des lumières spéciales, en dehors desquelles il ne pouvait trouver que des généralités, touchant toujours de très-près à ce qu'on appelle, en composition littéraire, des lieux communs. Or, son genre d'esprit tournait plus naturellement vers les détails; ne pouvant se les fournir lui-même, il les demanda aux observations faites autour de lui, et plus encore à la manière dont un génie supérieur les avait déjà classés. Olivier de Serres devint ainsi son guide, son maître, son rectificateur pour ainsi dire ; aussi existe-t-il peu de traités où l'on trouve moins que dans le *Prædium Rusticum* des choses hasardées, des superstitions érigées en règles, des essais malheureux recommandés comme pratiques utiles ; tandis que, on y rencontre soit d'une manière explicite, soit en germe, presque toutes les améliorations vraies ou prétendues que l'économie rurale de nos jours s'efforce d'encourager.

Voici quelques exemples :

Drainage ou asséchement des terres.

Sicubi stagnanti seges emoriatur ab imbre ;
Absorbere solum neque possit quidquid aquarum
Accipiet, neque vicinos effundere in amnes ;
Affer opem, et medio largas duc æquore fossas.
Occultos, ubi terra fluat sabulosa, canales
Obsæcabis agris ; neu præcludatur aquarum

Exitus illapsusque, sub os utrumque refixis,
Pilarum vice, ponticulos imitabere saxis.

(Livre 1).

« Au cas que votre terre ne s'imbibe pas de toutes les
« eaux qu'elle reçoit, et que ces eaux croupissantes dans vos
« champs fassent mourir vos moissons, faute d'une pente
« pour les faire écouler vers la rivière la plus prochaine :
« voici le remède ; ouvrez de larges fossés qui traver-
« sent cette plaine marécageuse ; quand vous rencontrerez
« un fonds sabloneux construisez une raie couverte et à
« l'extrémité de cette raie, élevez avec des pierres une es-
» pèce de petit pont, afin qu'aucun obstacle n'arrête l'é-
« coulement des deux côtés. » (1)

Renouvellement des Prairies.

Horrida si musco vel inerti obducta senectæ
Prata situ, fenum pariunt ignobile ; stercus
Ingere vel cineres : quæ si cui pigra videntur
Auxilia ; effossium frumentis exaret agrum
Atque novis ne fortè soli prior impetus obsit
Messibus ; herbosa nimias farragine vires
Pubentique fabâ, napoque absumat edaci.

(Livre 1).

« Si vos prairies, à cause de leur vieillesse ou de la
« quantité de mousse qui les couvre, ne vous rapportent
« que du mauvais foin, chargez-les de cendre ou de fu-
« mier. L'effet de cette opération est-il trop lent ? Labou-
« rez vos prairies, semez-y du froment ; et de peur qu'une
» fermentation trop forte ne nuise aux premières mois-
« sons, vous diminuerez ce grand feu en semant des grains
« mélangés qui produisent beaucoup d'herbes, ou des
« fèves qui produisent en peu de temps, ou des navets
« qui prennent beaucoup de substance. » (2)

____

(1) Olivier de Serres, 2 livres, pages 97 ,98, 99, tome 1, édition
de 1804.

(2) Olivier de Serres, 1, — page 102.

Emploi des bœufs et usage du collier pour l'attelage.

Est alios nobis bos instituendus ad usus,
Difficiles aret impulso qui vomere terras,
Luctanti vel plaustra trahat stridentia collo.
Sublimis ut cant spéciosius inter arandum
Altà fronte boves, neque tanto pinguia nisu
Rura secent, loro septemplice jungat arator ;
Cervicique jugum non cornibus illiget : ipso
Plus etenim collo possunt et pectore tauri
Quam capite et cornu : toto sic pondere, totà
Mole lacertosi nituntur ad intima terræ
Viscera, nec tensâ graviter cervice laborant.
Attritos autem manus officiosa bubulci,
Propellens hinc indè jugum, refrigeret armos ;
Ne damnosa repens invadant ulcera collum.

(Livre 3.)

« C'est pour d'autres usages qu'on doit dresser le bœuf,
« il faut qu'avec le soc il ouvre la terre l a plus dure, et que
« son cou vigoureux traîne des charettes dont l'essieu gé-
« misse sous sa charge;... afin que les bœufs marchent tête
« levée, et ne fassent pas tant d'efforts en labourant, qu'on
« les joigne ensemble avec une forte courroie, et qu'on
« leur attache le joug au cou et non pas aux cornes; car
« les tauraeux tirent plus du cou et du poitrail que de la
« tête et des cornes. De cette façon ils emploient toute leur
« force, font pénétrer le soc bien plus avant dans la terre
« et leur tête n'est pas toujours tendue et ne fatigue pas
« tant. Mais il faut que la main officieuse du bouvier dé-
« range de temps en temps le joug pour soulager leurs
« épaules froissées, dans la crainte qu'il ne se forme à leur
« cou des plaies dangereuses. » (1)

Usage du sel pour les bestiaux.

Grex autem viridi quamquam lasciviat herbà ;
Pastori tamen, ut primum lux alma refulsit,
Plura refert junctis quæ mulgeat ubera palmis :
Lac sale compensat pastor.

(Livre 3.)

---

(1) Olivier de Serres, tome 1, pages 111, — 113.

« Mais quoique les vaches errent à leur gré dans ces
« pâturages, elles ne manquent pas tous les matins de se
« rendre dès l'aube du jour à la cabane du pasteur pour
« se faire traire ; le berger les récompense par un peu de
« sel. » (1)

Le cordage des blés contre la bruine.

Lactensi cum fruge tumet, rubigine messis
Læta perit, tenui si forte supervenit imbri
Flammigero sol axe furens ; seges uda priusquam
Excutiat rorem, vento perflata salubri.
Agricolæ longum bini protendite funem ;
Frugiferumque cito campum decurrite passu :
Atque flagellantes spicas, austrumque silentem
Verbere supplentes, inimicam avertite pestem

(Livre 7.)

« Lorsque le grain est encore en lait, la nielle le brûle, si
« après une petite rosée le soleil vient à darder ses rayons
« avec violence, avant que les épis se soient délivrés de
« cette rosée pernicieuse par le secours d'un vent salu-
« taire ; il faut donc que deux hommes tendent une corde
« au-dessus des blés et la passent et repassent rapidement
« sur les épis niellés, afin qu'au défaut du vent, ils agi-
« tent par le mouvement de la corde la tige et les épis et
« fassent tomber la nielle. » (2)

Influences douteuses de la lune.

Quid jubeat, quid luna vetet, plebs nescia rerum
Inspiciat, lunasque meras, atque arbitria ruris
Astra crepet ; tu sole tuos metire labores.
Si qua fides oculo, plantas sol adjuvat unus ;
Et quod in humanas possunt vaga sidera mentes,
In teneras id juris habent non ampliùs herbas.

(Livre 9).

---

(3) Olivier de Serres, tome 1, page 113.

(4) Olivier de Serres, tome 1, page 251.

« Que le peuple ignorant et superstitieux se gouverne
« selon les défenses ou les ordonnances de la lune, qu'il
« lui reproche la stérilité de certaines années, ainsi qu'aux
« autres planètes, comme si elles étaient les arbitres de la
« végétation. Mais pour vous, que le soleil soit votre rè-
« gle dans vos travaux. Si l'on doit se rapporter au témoi-
« gnage des yeux, c'est cet astre qui vivifie seul les plan-
« tes ; et le pouvoir que les astres ont sur l'esprit des hom-
« mes, ne s'étend pas sur les productions de la terre. (1)

Ancipiti mecum dubitat qui credere lunæ
Et terram spectare, poli quam sidera mavult. (idem)

« Celui qui pense avec moi que les influences de la lune
« sont fort douteuses, et qui aime mieux considérer la
« terre que les astres. » (2)

Semailles précoces.

Festinata nimis sementis sæpè colonum
Decipit ; at votis nunquam respondet avaris
Serior ; ....   (Livre 8).

« Les semailles qui sont faites trop tôt trompent *souvent*
« les espérances du laboureur ; et elles ne répondent *ja-*
« *mais* à ses vœux s'il les fait trop tard. » (3)

Labour des Vignes.

Sunt qui laxa regant inter vineta juvencos ;
Sumptibus ut parcant, et aratro parcius agrum,
Si non utilius, subigant ; quæ vomer omisit
Prosequitur fossor spatia interjecta bidenti.
                              (Livre 10).

« Il y a des gens qui font labourer les vignobles d'une
« grande étendue et qui se servent de la charrue plutôt

---

(1) Olivier de Serres, tome 1, chapitre 7, du 1er livre, page 40.

(2) Idem, page 48.

(3) Olivier de Serres, tome 1, page 139.

« par économie que pour le bien de la vigne, de manière
« que le fossoyeur remue seulement avec la houe les en-
« droits où le soc n'a point passé. » (4)

Maintenant, si l'on ajoute à ces faits particuliers en agriculture les principes généraux que Vanière, et avant lui
Olivier de Serres ont formulés sur la fécondité inépuisable
du sol, sur l'appropriation des cultures, sur la nécessité et
la spécialité des engrais, appliqués soit aux champs, soit
aux prairies, soit à la vigne, soit aux arbres, sur la multi-
plicité régulière des labours, on verra facilement qu'après
eux il restait seulement à déduire des conséquences, quant
aux assolements rationnels, au choix des qualités de se-
mences, à l'amodiation fondamentale des terres ; enfin
quant à la culture alterne par la suppression des jacheres,
ce grand progrès fait sur les anciens et dont Olivier de
Serres le premier a indiqué la chose, en écrivant en tête
d'un chapitre le mot de *Prairies artificielles.*

Après cela, est-il nécessaire, même dans l'intérêt du sentiment agricole, exalté suivant sa plus grande portée sociale, de traiter Vanière autrement que comme un versificateur élégant, facile, laborieux, admirablement versé dans
la langue latine et l'écrivant à merveille ? N'y a-t-il pas
plus que de la justice ou de la bienveillance pour son mérite à l'appeler le Virgile français, le Virgile Toulousain,
alors que lui-même semble avoir prémuni sa renommée
contre de semblables exagérations ? Ne dit-il pas en effet
quelque part :

> Carmen adhuc moveo : priscis incognita seclis
> Eloquar ; et mirâ quantum dulcedine versus
> Virgilius, rerum tantum novitate placebo,
> Veridicæ magis historiæ quam carminis auctor.
>
> (Livre 14).

« Je vais mettre au jour des merveilles inconnues aux
« siècles passés ; et autant que le cygne de Mantoue s'est
« rendu fameux par le charme de sa voix, autant ferai-je
« du plaisir par la nouveauté des faits que je vais décrire,
« moins en poète qu'en historien. »

---

(4) Olivier de Serres, tome, page 231.

Vanière n'a-t-il pas écrit encore :

> Ac velut egregia pingendi quisquis in arte
> Nomen habes, primis habitumque situmque figuris,
> Et quæcumque operi seu vis, seu gratia postquam
> Incidit ipse, rudi permittit cætera dextræ,
> Sic majora movens animo, quæ multa parabat
> *Præterit, atque aliis MARO commemoranda reli-*
> [quit ?]
>   (Livre 10).

« De même que tout peintre qui a de la réputation dans
« son art admirable, donne d'abord à ses figures l'attitude
« et le coloris ; et qu'après avoir fini lui-même toutes les
« parties du tableau qui exigent de la force et de la grâce,
« il fait exécuter le reste par un apprenti, ainsi Virgile
« l'esprit préoccupé de matières plus sublimes, n'achève
« point plusieurs sujets qu'il n'a fait qu'ébaucher et les
« laisse à traiter aux autres poètes. »

On peut invoquer d'ailleurs ici le témoignage d'un juge
très compétent en matière de goût, de traduction, ou d'i-
mitation littéraires. Delisle s'exprime en ces termes sur le
compte de Vanière, comparé à leur maître commun, le
cygne de Mantoue :

« Vanière a traité dans le plus grand détail toutes les
« parties de l'agriculture et c'est peut-être le défaut de son
« ouvrage. Il est plus abondant que Virgile ; et Virgile est
« plus rapide que lui. Le poète romain est plus agréable
« dans les détails arides que le poète Toulousain dans les
« objets les plus riants ; celui-ci explique quelquefois pro-
« saïquement les objets les plus poétiques ; l'autre revêt de
« la plus belle poésie les objets les plus simples. Je re-
« marque souvent dans l'un une profusion mal entendue ;
« j'admire dans l'autre une profusion pleine de goût. Enfin
« on trouve plus de variété dans le petit terrain qu'a dé-
« friché Virgile, que dans l'espace immense que Vanière
« a cultivé ; mais ce qu'on ne peut trop admirer dans ce-
« lui-ci c'est *qu'il loue la campagne de bonne foi, qu'il*
« *peint ce qu'il aime, et qu'il fait passer dans l'âme de ses*
« *lecteurs le sentiment qui l'anime.* » (Discours prélimi-
naire des Géorgiques).

Ce parallèle et cette conclusion sont d'une exactitude remarquable. Vanière ainsi confiné dans sa gloire relative de versificateur technique plutôt que de poète inspiré, doit être considéré, à cent cinquante ans de distance, comme ayant cherché à ramener en France le goût de l'agriculture, d'un côté par les jouissances personnelles qu'elle procure, de l'autre par son action sur les mœurs publiques. Mais le mérite de son enseignement appartient tout entier à Olivier de Serres, ce résumé complet de l'enseignement agricole des anciens, rendu plus moral, plus pratique, plus applicable surtout aux provinces méridionales. Or, pour tout dire enfin, Vanière est Olivier de Serres ressuscité, transfiguré, rajeuni et rapportant du fonds de son tombeau temporaire à la France du dix-neuvième siècle, et par elle au monde entier, le livre de ses destinées agricoles ; livre toujours nouveau malgré un langage plutôt naïf que suranné, livre toujours instructif, en dépit du progrès des temps, livre à jamais immortel parce que l'agriculture est le premier besoin des peuples et la plus éclatante manifestation de la bonté de DIEU.

FIN.

Castres, imprimerie de veuve GRILLON.